PAIDEIA
ÉDUCATION

HONORÉ DE BALZAC

La Duchesse de Langeais

Analyse littéraire

© Paideia éducation.

22 rue Gabrielle Josserand - 93500 Pantin.

ISBN 978-2-7593-0374-8

Dépôt légal : Juin 2023

Impression Books on Demand GmbH

In de Tarpen 42

22848 Norderstedt, Allemagne

SOMMAIRE

- Biographie de Balzac 9

- Présentation de *La Duchesse de Langeais* 17

- Résumé de l'oeuvre 21

- Les raisons du succès 29

- Les thèmes principaux 39

- Étude du mouvement littéraire 49

- Dans la même collection 57

BIOGRAPHIE DE BALZAC

Né à Tours le 20 mai 1799, Honoré de Balzac est considéré comme l'un des principaux représentants du roman français. Il s'est exprimé dans des genres variés et a écrit, en l'espace de trente ans, plus de quatre-vingt-dix romans et nouvelles, qu'il a réunis ensuite en une seule œuvre tentaculaire, *La Comédie humaine*. Initiateur du mouvement réaliste, Balzac dépeint dans ses romans des personnages poussés par une destinée grandiose. Il s'attache aussi à offrir une dimension philosophique au roman à travers une étude précise des mœurs de son époque.

Honoré de Balzac est le fils de Bernard-François Balssa et d'Anne-Charlotte-Laure Sallambier. Son père, d'origine paysanne, connaîtra une ascension sociale progressive. Entre 1771 et 1783, il transforme son nom de famille en Balzac puis y fait accoler une particule en 1802. Balzac grandit dans une famille de bourgeois à la richesse souvent précaire. Il apprend les rapports particuliers à l'argent et à l'ambition. Le couple formé par ses parents est loin d'être idyllique : Bernard-François et Anne-Charlotte ont trente-deux ans d'écart. La mère d'Honoré de Balzac ne ressent que de l'indifférence et du mépris pour ses enfants. À sa naissance, elle place Honoré en nourrice : l'enfant ne réintégrera la maison familiale qu'en 1803. L'auteur a trois frères et sœurs : Laure, Laurence et Henri.

De 1807 à 1813, Honoré est pensionnaire au collège des oratoriens de Vendôme. Pendant six ans, il se livre à une existence de lecture intensive et développe son goût pour la philosophie. En 1814, la famille Balzac s'installe à Paris. Honoré s'inscrit en droit en 1816. Il suit des cours à la Sorbonne, notamment ceux de grandes figures universitaires telles que Villemain, Guizot ou encore le naturaliste Geoffroy Saint-Hilaire. Balzac a pour ambition de devenir philosophe et se dit disciple de Locke. En parallèle de ses études,

Honoré travaille comme clerc de notaire, une expérience qui l'inspirera plus tard pour l'écriture de ses romans. En 1819, il passe ses premiers examens avec succès, mais ne se présentera pas aux suivants. En effet, malgré les désirs de sa famille de le voir devenir notaire, Balzac veut écrire et faire fortune grâce à la littérature. En 1819, ses parents acceptent de le loger dans une mansarde de Paris et lui donnent deux ans pour percer dans le milieu de la littérature. Sous l'inspiration des grands auteurs classiques, notamment de Shakespeare, Balzac écrit une tragédie, *Cromwell* (1820). Les réactions de son entourage sont décevantes et l'auteur décide d'abandonner le théâtre pour un temps. Balzac ébauchera par la suite plusieurs romans inspirés de Walter Scott. Ces textes ne seront jamais publiés de son vivant.

En parallèle, Honoré se familiarise avec l'univers des journaux. Sous les pseudonymes de Lord R'Hoone et Horace de Saint-Aubin, il produit une série de textes destinés à améliorer ses finances. En 1822 paraîtront ainsi plusieurs romans satiriques et philosophiques comme *L'Héritière de Birague*, *Jean-Louis*, *Le Vicaire des Ardennes* ou encore *Clotilde de Lusignan*. Ces romans rencontrent un succès modeste, mais suffisant pour encourager Balzac à persévérer dans cette voie. En 1823, il publie *Annette et le Criminel* et *La Dernière Fée*. En 1825 paraît *Wann Chlore*, roman réaliste inspiré de Jane Austen.

En 1824, Balzac collabore avec *Le Feuilleton littéraire*. Dans une série de textes, il développe sa pensée et ses opinions sur divers sujets de société. Paraîtront ainsi un *Code de la toilette*, un *Code des gens honnêtes* et un *Traité de la prière*. Dans son *Histoire impartiale des Jésuites* et dans *Du droit d'aînesse*, l'auteur affirme ses idées antilibérales. À la fin de la même année, Balzac prend la décision de cesser la littérature commerciale. Il se fait libraire avec l'éditeur Canel pour publier des éditions bon marché de Molière et de La Fontaine, mais l'expérience tourne court. En 1826, Balzac est lâché par ses associés et se retrouve fortement endetté. En 1827, il tente de se renflouer en créant une fonderie de caractères, mais il fait face à un nouvel échec financier. Il obtient de l'aide auprès de Laure de Berny (1777-1836), qui sera le premier amour de l'auteur, à la fois amante et figure maternelle.

En 1828, ses finances sérieusement mises à mal par les faillites successives, Balzac se remet à l'écriture. Sous le modèle de Walter Scott, il rédige *Le Dernier chouan*, sur les guerres civiles de Vendée. Publié en 1829, le roman se fait vite remarquer. On le compare à *Cinq-Mars*, du comte de Vigny. Le succès lui sourit à nouveau à la publication de la *Physiologie du mariage* en décembre 1829. Le roman, qui défend l'égalité des sexes, plut notamment aux femmes. Suivent à partir de 1830 un certain nombre de nouvelles réunies sous le titre de *Scènes de la vie privée*.

Ayant signé un contrat avec *La Revue de Paris* qui l'engage à fournir des textes tous les mois, Balzac entre dans une période de grande production littéraire. Des récits fantastiques et philosophiques tels que *La Peau de chagrin*, publiée en 1831, lui apportent la célébrité. Balzac se fait une place parmi les figures reconnues de Paris, est introduit dans les salons littéraires et dépense son argent sans retenue. Il pénètre les milieux aristocratiques et se voit en homme politique. Il reçoit de nombreuses lettres d'admiratrices, dont celles de la Polonaise Ewelina Hanska, qui fera forte impression auprès de Balzac. L'auteur s'intéresse aux sciences occultes et s'inspire de la théorie de Lavater au sujet de la physiognomonie, une science qui suppose qu'on puisse associer les traits de caractère d'un individu à son physique.

Pour pouvoir se permettre le train de vie financier auquel il s'est habitué, Balzac écrit dans de nombreuses revues, telles que *La Revue de Paris*, *La Revue des deux Mondes*, *La Mode*, *La Silhouette* ou encore *La Caricature*. À la publication de l'Auberge rouge, en 1831, l'auteur ajoute pour la première fois une particule à son nom.

Balzac reprend ses *Scènes de la vie privée* avec la parution de *Gobseck* (1830) et *La Femme de trente ans* (1831). Il enchaîne avec les *Scènes de la vie parisienne* avec des romans comme *Le Colonel Chabert* (1832-1835), les *Scènes de la vie de province*, avec *Le Curé de Tours* (1832) et *Eugénie Grandet* (1833) et les *Scènes de la vie de campagne*, avec *Le Médecin de campagne* (1833). L'auteur commence à envisager le plan d'une œuvre colossale, qui constituera un regard d'ensemble sur toute une époque et sur toutes les classes de la société, suivant plusieurs destinées imbriquées.

En 1834 paraît *Le Père Goriot*. Ce roman constitue un tournant dans l'œuvre de l'auteur et amorce l'élaboration de *La Comédie humaine*. En effet, c'est dans *Le Père Goriot* que Balzac utilise son système de retour des personnages. Rastignac, découvert dans *La Peau de Chagrin*, est dépeint à nouveau, plus jeune et fraîchement arrivé à Paris. Balzac tient alors un moyen inédit d'unifier toute son œuvre, en y faisant reparaître régulièrement certains personnages clefs. L'auteur ressort ses anciens écrits, les retravaille, change quelques noms et quelques dates pour lier tous ses récits en une sorte de fresque littéraire. C'est la naissance du roman balzacien, et les publications vont alors s'enchaîner : *Le Lys dans la vallée* (1835-1836), *Histoire de la grandeur et de la décadence de César Birotteau* (1837), *La Maison Nucingen* (1838), *Le Curé de village* et *Béatrix* (1839), *Une ténébreuse affaire* (1841), *La Rabouilleuse* (1842), *Illusions perdues* (1843), *Splendeurs et misères de courtisanes* (1847), *La Cousine Bette* (1846) et *Le Cousin Pons* (1847), sont autant de romans qui entrent dans le schéma élaboré par Balzac. En 1845, l'auteur estime à 145 le nombre de textes de sa *Comédie humaine*, dont 85 sont déjà écrits. Mais Balzac est affaibli par des années de travail intensif et doit bientôt réduire sa production. À la mort de l'auteur, *La Comédie humaine* se composera de 90 titres publiés.

Après l'échec d'une tentative de fondation d'un journal, *La Chronique de Paris*, Balzac est plus endetté que jamais. L'arrivée du roman-feuilleton offre à l'auteur un nouveau support tout en lui permettant de toucher un nouveau public. Il abandonne le conte philosophique pour se consacrer au romanesque, qu'il utilise comme un moyen de se livrer à une étude du réel. Paraîtront alors en feuilleton un certain nombre de textes, comme *César Birotteau* (1837), *Une fille d'Ève* (1838-1839), *Pierrette* (1840) ou encore *Une ténébreuse affaire* (1841).

À la fin de l'année 1838, Balzac adhère à la Société des gens de lettres, une association qui a pour but de défendre les intérêts moraux et juridiques des auteurs. Il deviendra président de l'association le 16 août 1839, et président honoraire en 1841.

En 1840, Balzac réitère ses tentatives à l'élaboration d'un journal avec La Revue parisienne, où il publie *Z. Marcas*, nouvelle qui sera plus tard intégrée aux *Scènes de la vie politique* de *La Comédie humaine*. *La Revue Parisienne* signe un nouvel échec commercial pour l'auteur : elle cessera d'être imprimée au bout de trois parutions.

En 1841, Balzac signe un contrat de publication pour son œuvre *La Comédie humaine*. Celui-ci prévoit un total de dix-sept volumes, dont la parution doit s'échelonner entre 1842 et 1848. C'est l'occasion pour l'auteur de classer ses romans et de mettre à jour cette fresque de la société imaginée par l'auteur.

Toujours en manque d'argent, Balzac s'essaie de nouveau au théâtre avec *Vautrin*, jouée en 1840, mais interdite dès le lendemain, ou *Les Ressources de Quinola* (1842). Il publie aussi de nouveaux romans : *Un début dans la vie* (1842), *Albert Savarus* (1842), *Honorine* (1843), *La Muse du département* (1843), *Modeste Mignon* (1844), *Splendeurs et misères des courtisanes* (1847).

À partir de 1847, le rythme de production de l'auteur ralentit. Balzac est épuisé par son train de vie et manque d'inspiration. Il consacre son énergie à une nouvelle obsession : celle de pouvoir épouser Mme Hanska, à qui il a fait la cour pendant dix-huit ans par correspondance. Il ne publiera que deux écrits en 1848 : la pièce *La Marâtre* puis *L'Envers de l'histoire contemporaine*. Après cela, Balzac cesse complètement d'écrire. Le 14 mars 1850, après un séjour en Ukraine qui l'a affaibli un peu plus, Balzac peut enfin célébrer son mariage avec Mme Hanska. Mais la santé de l'auteur ne fait que se dégrader. Le 21 mai 1850, le couple revient à Paris. Balzac est soigné pour un œdème généralisé. Alors qu'il agonisait dans son lit, l'auteur aurait appelé à son chevet Horace Bianchon, son personnage de médecin dans *La Comédie humaine*. Honoré de Balzac meurt le 18 août 1850. Victor Hugo, qui fut son dernier visiteur, prononcera son oraison funèbre. Une grande foule se réunit pour les funérailles du romancier, avec parmi elle Alexandre Dumas et le ministre de l'Intérieur de l'époque.

La veuve de Balzac se chargera des dernières œuvres inachevées de l'auteur, les faisant compléter et éditer à titre posthume. *Le Député d'Arcis*, débuté en 1847, paraît en 1854. *Les Paysans* sont publiés en 1855 et *Les Petits bourgeois* en 1856.

PRÉSENTATION DE LA DUCHESSE DE LANGEAIS

La Duchesse de Langeais est un roman d'Honoré de Balzac qui paraît pour la première fois entre fin avril 1833 et mars 1834 dans la revue *L'Écho de la Jeune France*, sous le titre : « Ne touchez pas à la hache. » Une édition en volume sera publiée en 1839, associée au roman *Ferragus*, et où *La Duchesse de Langeais* est pour la première fois présenté sous ce titre. Par ce changement, le récit se détache du roman noir pour se rattacher au roman psychologique. En 1843, une édition de *L'Histoire des Treize* est publiée dans *La Comédie Humaine*, comprenant *Ferragus*, *La Duchesse de Langeais* et *La Fille aux yeux d'or*. Le roman fait partie du premier tome des *Scènes de la vie parisienne*. *La Duchesse de Langeais* est donc présenté comme le deuxième roman d'une trilogie, qui tourne autour d'une société secrète comprenant treize hommes ayant assez d'emprise sur la société pour se placer au-dessus des lois et s'étant jurés de s'entraider par tous les moyens nécessaires. Avec cette *Histoire des Treize*, Balzac expérimente pour la première fois le retour des personnages, qui sera la base de *La Comédie Humaine*. Des personnages comme Ronquerolles et de Marsay réapparaîtront dans d'autres romans de l'auteur, tout comme Montriveau, présent dans *Les Secrets de la princesse de Cadignan*, *Le Contrat de mariage*, *Autre étude de femme* et *Le Père Goriot*. Le récit de *La Duchesse de Langeais* reste cependant largement indépendant des deux autres romans de la trilogie, et les fameux Treize ne prennent que deux fois part à l'intrigue : pour aider Montriveau à enlever Antoinette à Paris, puis pour tenter de l'extirper du couvent où elle s'est réfugiée.

Balzac s'est inspiré pour ce roman de sa déception amoureuse avec la marquise de Castries. En 1831, cette dernière lui avoue en effet toute son admiration pour son talent d'auteur. Mais après l'avoir laissé lui faire la cour pendant plusieurs mois, nouant avec lui une relation ambiguë, la marquise repousse finalement l'auteur. Blessé par ce rejet, Balzac obtiendra sa vengeance à travers la fiction. De 1832 à 1834, l'auteur rédigera trois textes aux sujets similaires : *Désespérance d'amour* en octobre 1832, « La confession du *Médecin de compagne* » en novembre 1832 et *La Duchesse de Langeais* en 1834. Dans ces trois récits, on retrouve les relations entre une femme noble et orgueilleuse et un homme qui lui est socialement inférieur. Dans *La Duchesse de Langeais*, le portrait de cette femme artificielle que la conscience de son rang et de sa supériorité empêche d'éprouver un amour sincère a probablement été inspiré de la marquise de Castries. Antoinette se détache cependant progressivement de ce modèle sans cœur pour acquérir une plus grande profondeur. En renonçant à son identité sociale et en défiant les convenances par amour, la duchesse de Langeais acquiert le rôle de véritable héroïne romantique.

Si Balzac s'est éloigné de son désir de vengeance envers les femmes de la noblesse parisienne, c'est pour mieux recentrer la critique sur les institutions décadentes de la noblesse au XIXe siècle. Concentré sur le Faubourg Saint-Germain, où se rassemble ce qu'il reste de la classe aristocratique, le roman dresse un portrait acerbe de cette fausse noblesse qui a perdu ses valeurs pour se raccrocher coûte que coûte au peu de pouvoir et de privilèges qu'il lui reste.

RÉSUMÉ DE L'OEUVRE

Chapitre 1 : La sœur Thérèse

Sur une île de la Méditerranée se trouve un couvent de Carmélites dirigé par Sainte Thérèse. L'endroit est devenu le refuge de femmes désespérées et désirant se mettre à l'écart de la société. Un général français s'est un jour arrêté sur cette île et a cherché à s'introduire dans le couvent pour en visiter les lieux et rencontrer les religieuses. Alors que lui et ses soldats assistent à une messe, tous sont éblouis par la performance au piano d'une religieuse française. Le général reconnaît en la religieuse la femme qu'il a aimée passionnément, il y a cinq ans de cela, et qui a enterré ses sentiments pour venir se cacher ici. Le lendemain, le général prétexte une soudaine maladie pour pouvoir rester sur l'île plus longtemps. Alors que ses camarades reprennent la mer, il retourne à l'Église et entend à nouveau une mélodie jouée au piano. À travers la passion mise dans la musique, il en conclut que la religieuse éprouve encore des sentiments forts à son égard. Le jour suivant, le général a résolu de rencontrer la religieuse, il interroge le prêtre, qui lui permet de s'entretenir avec Sainte Thérèse aux grilles du couvent. Le général se retrouve face à la religieuse et l'appelle par son titre : duchesse, puis par son nom : Antoinette. La jeune femme le reprend en affirmant n'être plus que Sainte Thérèse. Elle ment cependant à la Mère Supérieure et affirme que le général est son frère pour pouvoir rester un peu plus longtemps auprès de lui. Le général implore alors la religieuse de repartir avec lui, il lui explique qu'il l'a cherchée dans le monde entier et brûle d'amour pour elle. La religieuse refuse cependant de repartir avec lui, expliquant qu'elle a laissé derrière elle les plaisirs terrestre et résolu de confier son amour à Dieu.

Chapitre 2 : L'amour dans la paroisse de Saint-Thomas d'Aquin

Le faubourg Saint Germain est le centre de la noblesse parisienne. C'est là que vit la Duchesse de Langeais, jeune femme frivole et insouciante. Antoinette fait partie de la famille Navareins, des nobles, elle a épousé le fils du duc de Langeais à dix-huit ans. À la Restauration, les familles Navareins et de Langeais ont retrouvé leur place importante à la cour, leur influence et leur richesse. Le duc et la duchesse de Langeais vivent séparés l'un de l'autre : le duc commande une division militaire tandis que la duchesse demeure à Paris. Leur union était un mariage de convenance et les deux époux se sont vite trouvés antipathiques, et le duc de Langeais a abandonné la Duchesse à elle-même. La Duchesse se rend à des soirées où elle s'amuse à se laisser séduire par ses prétendants, sans rien accorder à personne, simplement flattée de l'attention qu'on lui porte. Un jour qu'elle est à une soirée, la Duchesse remarque un jeune homme qui l'intrigue. Il s'agit du Marquis de Montriveau. Fils d'un général mort pour la République, Armand de Montriveau a fait partie de l'armée, puis a mené des expéditions scientifiques jusqu'en Afrique, où il est resté deux ans prisonnier d'une tribu. De retour à Paris au milieu de l'année 1818, Montriveau était ruiné, mais ses aventures lui ont valu une certaine célébrité et un certain respect, et on l'a bientôt fait entrer dans la Garde Royale.

La Duchesse connaît la réputation du général et résout, par caprice, de se faire aimer de lui. Elle est présentée à Armand et finit par l'inviter chez elle. Montriveau accepte et, songeant aux qualités et aux vertus de la Duchesse, se sent flatté d'avoir gagné son attention. Le lendemain, Armand s'aperçoit qu'il est épris d'un amour irrépressible pour la Duchesse et se rend chez elle pour lui déclarer sa flamme. Antoinette s'aperçoit des sentiments forts qu'elle a suscités chez Montriveau et s'en amuse, elle se moque gentiment de lui tout en lui arrachant des confidences. Armand lui avoue n'avoir jamais aimé jusqu'alors. À partir de ce jour, Armand et la Duchesse prennent l'habitude de se voir tous les soirs. Deux mois passent et Antoinette s'aperçoit qu'Armand, ne connaissant rien aux galanteries parisiennes, s'est réellement épris d'elle et considère leur relation avec le plus grand sérieux. Elle finit par lui avouer qu'ils ne doivent être qu'amis, rappelant qu'elle est une femme mariée. Armand est désespéré et affirme qu'il ne peut cacher son amour, même s'il voit maintenant qu'il n'est pas réciproque. La Duchesse est secrètement ravie de la réaction emportée d'Armand. Ce dernier croit deviner que c'est le mari de la Duchesse qui la pousse à réprimer ses sentiments et promet que bientôt elle sera libérée de lui. Antoinette prend peur et dit à Armand qu'il pourra venir quand il veut, à condition d'être discret et de la laisser faire la cour à d'autres hommes. Antoinette et Armand continuent donc de se voir en secret, alors qu'aux yeux du monde, elle a prouvé qu'il n'est pas son amant. La Duchesse est déterminée à demeurer vertueuse et à ne jamais s'offrir à Armand. Pour se justifier, elle invoque la religion.

Pendant plusieurs mois, Armand tente de persuader la Duchesse de devenir sa maîtresse, arguant qu'il n'y a qu'ainsi qu'elle lui prouvera son amour. Antoinette, au contraire, pense que seule la retenue prouvera le respect d'Armand pour elle et la pureté de son amour. Elle dit craindre qu'il ne l'abandonne une fois son désir assouvi.

Un jour qu'Armand se trouve en compagnie du Marquis de Ronquerolles, ce dernier lui conseille de se montrer plus intransigeant avec Antoinette, parce que la Duchesse ne lui accordera jamais rien autrement. Armand se rend alors chez la Duchesse et lui annonce que le jour où il voudra la posséder, rien ne l'en empêchera. Il décèle pour la première fois la froideur et le mépris qui animent Antoinette. Il résout de jouer le même jeu que la Duchesse afin d'obtenir sa vengeance.

Chapitre 3 : La femme vraie

Pendant une semaine, la Duchesse reste sans nouvelles d'Armand. Elle craint la haine qu'elle a pu engendrer chez lui et la vengeance qu'il prépare peut-être. Un soir, elle le croise lors d'un bal et Armand lui prédit qu'un malheur lui arrivera avant le lendemain. Lorsqu'elle rentre chez elle, la Duchesse est attaquée par trois hommes qui l'enlèvent. Elle se retrouve bientôt pieds et poings liés dans la chambre d'Armand. Ce dernier assure vouloir simplement lui parler en étant à son avantage, pour une fois. Il lui reproche de s'être amusée à le séduire et à le laisser espérer un bonheur qu'elle n'a jamais eu l'intention de lui accorder, le plongeant finalement dans le désespoir le plus profond. La Duchesse admet ses torts tout en rappelant ceux d'Armand, puis annonce être prête à se repentir auprès de lui. Mais Armand refuse qu'elle se donne à lui, il ne croit plus en ses promesses d'amour et sa capacité à demeurer fidèle. Antoinette a remarqué trois hommes masqués dans la pièce. Armand lui explique alors son intention : appliquer au fer rouge la marque de la croix de lorraine sur le front de la Duchesse, comme on le fait sur l'épaule des forçats, pour que le monde soit conscient de ses crimes. Antoinette accueille ce châtiment avec joie, affirmant qu'après ça, elle sera marquée à jamais comme appartenant à Armand et qu'il ne pourra plus l'abandonner. Armand change alors d'avis et renvoie les trois hommes. Il choisit d'épargner la réputation d'Antoinette, mais annonce qu'ils ne se reverront jamais. La Duchesse a beau le supplier et lui promettre de tout lui sacrifier, Armand reste de marbre. Antoinette, secouée, rentre chez elle. Des sentiments forts l'assaillent. Elle se sent humiliée de s'être vue repoussée, mais le comportement passionné d'Armand lui fait sentir qu'elle n'accordera jamais plus d'intérêt à aucun autre homme que lui. Désormais certaine d'aimer Armand, elle ne désire plus que d'être aimée en retour.

Antoinette passe les jours suivants à chercher Armand dans toutes les soirées, mais il reste introuvable. Elle finit par lui envoyer une lettre, qui reste sans réponse. Elle recommence, pendant vingt-deux jours, mais Armand reste silencieux. La Duchesse décide alors de lui forcer la main en laissant son fiacre garé devant chez lui une nuit durant. Bientôt, la rumeur court dans tout Paris : Antoinette est la maîtresse d'Armand de Montriveau. Le scandale ne tarde pas à éclater et, devant la conduite indigne de la Duchesse, ses proches sont forcés d'intervenir. Ils viennent l'avertir : son imprudence risque d'être connue de son mari, qui l'abandonnera et la laissera sans le sou. Elle perdra ses titres, son rang et sa réputation d'un coup. Sa tante lui conseille, si elle veut devenir la maîtresse de Montriveau, de le faire discrètement, pour ne prendre aucun risque. La Duchesse écoute ces conseils et se rend bientôt secrètement chez Armand. Ce dernier est absent, mais Antoinette découvre les lettres qu'elle lui a envoyées et qui n'ont jamais été ouvertes. La Duchesse fait alors porter un dernier message à Armand, lui faisant savoir qu'elle l'attendra le lendemain et que, s'il ne vient pas, la Duchesse de Langeais disparaîtra pour de bon. Antoinette demande à Armand de cesser ce jeu cruel dans lequel ils se sont engagés s'il l'aime vraiment. S'il ne le fait pas, elle s'en remettra entièrement à Dieu et lui confiera tout son être pour expier ses torts.

À l'heure prévue, la Duchesse attend qu'Armand la rejoigne. Ne le voyant pas venir, elle part. Armand a été retenu et arrive trop tard au rendez-vous. Il est désespéré de la disparition de la Duchesse et, pendant cinq ans, remue ciel et terre pour la retrouver, en vain. Ce n'est qu'en 1823 qu'il retrouvera sa trace, dans le couvent espagnol.

Chapitre 4 : Dieu fait les dénouements

En 1823, le Duc de Langeais est mort : plus rien ne s'oppose alors à une union entre Antoinette et Armand. Entouré de ses plus fidèles amis, Armand s'embarque pour l'Espagne, avec pour objectif d'enlever Sainte Thérèse au couvent. Les treize hommes se livrent à une préparation minutieuse, puis Montriveau pénètre dans le couvent et s'introduit dans la chambre d'Antoinette, mais il la découvre morte sur sa couchette. Les treize décident d'emporter le corps avec eux. Revenu au bateau, Montriveau contemple le corps longtemps désiré de la Duchesse. Puis il résout de la jeter à la mer pour tourner enfin la page de ce premier amour passionné.

LES RAISONS
DU SUCCÈS

Le XIXe siècle est principalement marqué par le mouvement romantique, dont Victor Hugo est l'un des principaux représentants. Avec des romans tels que *Les Misérables* (1862) ou *Notre-Dame de Paris* (1831), l'auteur a développé et rendu célèbres les caractéristiques de ce courant. Apparu en 1820, le romantisme se veut une littérature centrée sur le sentiment. Il s'intéresse à des thèmes tels que ceux de l'amour, du doute et de la mélancolie. Il présente souvent des personnages en proie à une destinée qui les dépasse. Le romantisme est notamment développé par Chateaubriand (1768-1848) avec ses *Mémoires d'outre-tombe* publiées en 1850. Mais c'est le poète Lamartine (1790-1869) qui apportera véritablement le romantisme en France avec la publication des *Méditations poétiques* en 1820. Alfred de Musset (1810-1857) s'inscrira aussi dans ce mouvement avec *La Confession d'un enfant du siècle*, parues en 1836 et inspirées de sa rupture difficile avec George Sand.

La Duchesse de Langeais est l'histoire d'un amour romantique, passionné et violent, avec impossibilité pour Armand et Antoinette de trouver le moyen de s'unir malgré leurs sentiments véritables l'un pour l'autre. Un amour qui se terminera par la mort de l'héroïne. Plusieurs choses séparent les deux personnages : une différence de classe, un trop grand amour propre et la peur de se perdre soi-même en admettant leurs sentiments. Les émotions montrées par la duchesse à partir de la deuxième partie du roman sont exacerbées et excessives. Elle sabote sa position sociale et se met à nu pour Armand, lui sacrifiant toute sa vie. Héroïne sublimée par ses sentiments passionnés, la duchesse se voit consumée peu à peu par son amour pour Armand et cherche un refuge spirituel à des sentiments impossibles à satisfaire. Antoinette quitte la société pour se rapprocher d'une vie humble au plus près de Dieu, incarnant alors un symbole de pureté idéale.

La Duchesse de Langeais montre des personnages en proie à des émotions douloureuses : le doute et la désillusion pour Montriveau, qui recourra à la vengeance et finira par se résoudre à ne plus jamais revoir la duchesse parce qu'il a perdu sa confiance en elle : « Antoinette ne peut plus sauver la duchesse de Langeais. Je ne crois plus ni à l'une ni à l'autre. Vous vous donnerez aujourd'hui, vous vous refuserez peut-être demain. Aucune puissance ni dans les cieux ni sur la terre ne saurait me garantir la douce fidélité de votre amour. Les gages en étaient dans le passé : nous n'avons plus de passé. » Quant à la duchesse, elle éprouve les tourments de la passion et connaît le désespoir de voir son amant l'abandonner alors qu'elle était prête à tout sacrifier pour lui : « L'amour n'existant pas sans la connaissance intime des plaisirs qui le perpétuent, la duchesse était donc sous le joug d'une passion ; aussi en éprouva-t-elle les dévorantes agitations, les involontaires calculs, les desséchants désirs, enfin tout ce qu'exprime le mot *passion* : elle souffrit. Au milieu des troubles de son âme, il se rencontrait des tourbillons soulevés par sa vanité, par son amour-propre, par son orgueil ou par sa fierté [...] » Autant de sentiments forts qui plongent les deux protagonistes dans la tourmente et les dominent pendant toute la durée du récit.

La deuxième moitié du XIXe siècle voit l'émergence du mouvement réaliste en France. En réaction à la grandiloquence du romantisme, les auteurs expriment leur désir de ramener la littérature à quelque chose de plus vrai. Leurs romans deviennent alors le résultat d'une observation minutieuse de la vie réelle. Le réalisme a pour objectif d'étudier les mœurs d'un milieu en toute objectivité, allant parfois jusqu'à s'inspirer de faits divers. Les maîtres à penser de ce mouvement furent Flaubert (1821-1880), Stendhal (1783-1842) ou encore Balzac (1799-1850). Gustave Flaubert croit en la nécessité de refléter la réalité en littérature et contribue au courant réaliste avec des romans comme *Madame Bovary* (1857), *Salammbô* (1862) ou encore *Bouvard et Pécuchet* (1881). Balzac est considéré comme le précurseur du réalisme, dont il a créé les principes fondateurs dans les premiers romans de *La Comédie Humaine*, où il s'est attaché à recréer la société française de son époque. *Gobseck* (1830), premier roman des *Scènes de la vie privée*, constitue une étude de mœurs précise et détaillée, avec le souci de coller au plus près à la réalité. C'est cette obsession de la vraisemblance qui établira les bases du mouvement réaliste.

La Duchesse de Langeais offre une description sans concession du Faubourg Saint Germain, où se passe la plus grande partie du roman. Balzac livre une critique sociale des mœurs de la noblesse parisienne de la Restauration : « Ce que l'on nomme en France le faubourg Saint-Germain n'est ni un quartier, ni une secte, ni une institution, ni rien qui se puisse nettement exprimer. La place Royale, le faubourg Saint-Honoré, la Chaussée-d'Antin possèdent également des hôtels où se respire l'air du faubourg Saint-Germain. Ainsi, déjà tout le faubourg n'est pas dans le faubourg. […] Les manières, le parler, en un mot la tradition faubourg Saint-Germain est à Paris, depuis environ quarante ans, ce que la Cour y était jadis, ce qu'était l'hôtel Saint-Paul dans le quatorzième siècle, le Louvre au quinzième, le Palais, l'hôtel Rambouillet, la place Royale au seizième, puis Versailles au dix-septième et au dix-huitième siècle. À toutes les phases de l'histoire, le Paris de la haute classe et de la noblesse a eu son centre, comme le Paris vulgaire aura toujours le sien. » Balzac explique le fonctionnement de la noblesse ainsi que sa place sociale et politique dans la société. À travers une étude historique précise, l'auteur entend démontrer la décadence de la noblesse du XIXe siècle et son échec à se renouveler dans une société dominée par la bourgeoisie.

Balzac effectue plusieurs digressions pour développer son point de vue sur la société parisienne, sur la vanité des femmes mondaines ou sur la définition de la passion : « L'amour et la passion sont deux différents états de l'âme que poètes et gens du monde, philosophes et niais confondent continuellement. L'amour comporte une mutualité de sentiments, une certitude de jouissances que rien n'altère, et un trop constant échange de plaisirs, une trop complète adhérence entre les cœurs pour ne pas exclure la jalousie. [...] La passion est le pressentiment de l'amour et de son infini auquel aspirent toutes les âmes souffrantes. La passion est un espoir qui peut-être sera trompé. Passion signifie à la fois souffrance et transition ; la passion cesse quand l'espérance est morte. »

Ainsi, Balzac entend livrer une étude détaillée des mœurs du faubourg parisien, à la fois dans ses conventions sociales et ses relations avec les autres classes de la société. L'auteur entend aussi expliquer les sentiments et les situations qu'il met en scène dans un souci de vraisemblance.

La Duchesse de Langeais est inséré dans les *Scènes de la vie parisienne* de *La Comédie Humaine*. L'intention de Balzac est de décrire une partie de la société de la capitale, s'intéressant cette fois au microcosme aristocratique rassemblé au Faubourg Saint Germain. Le mode de vie des jeunes gens de cette classe est décrit avec précision, en particulier celui des jeunes femmes telles que la duchesse, dont l'existence n'est que coquetterie et séduction, soirées mondaines et relations basées sur l'artificialité et l'illusion. Balzac dénonce particulièrement le règne du paraître dans ce milieu social, et l'obsession de supériorité qui étouffe toute notion de sentiment.

De l'avis de Balzac, *La Duchesse de Langeais* est son meilleur portrait de la psychologie féminine, comme il l'écrit à Mme Hanska le 20 février 1834 : « Tu tressailliras, tu palpiteras en lisant Ne touchez pas à la hache, car c'est, en fait de femme, ce que j'aurai fait jusqu'à présent le plus grand. Aucune femme de ce faubourg ne peut ressembler à cela. »

Le Bulletin de censure, qui se proposait en 1845 d'étudier toute l'œuvre de Balzac, salue la description de la foi religieuse présente dans le roman : « Il y a dans ce livre de belles pages sur l'excellence de la vie monastique, de la vie contemplative, qui fait oublier des intérêts terrestres à mesure que l'âme monte vers la sphère du ciel. Quand il le veut, l'auteur comprend et développe à merveille la puissance et la grandeur des institutions catholiques. »

Le traitement réservé à la duchesse par Armand, et surtout la réaction d'Antoinette à cet égard, n'est cependant pas du goût de tous. *Le Journal des femmes* du 5 avril 1834 dénonce en effet l'idée renvoyée par le roman qu'il faut humilier les femmes pour gagner leur amour : « On ne les gagne pas en les menaçant de les marquer au front du signe que les malfaiteurs portent à l'épaule. On ne les attache pas à soi en les foulant aux pieds ; les femmes froides ont au moins de communs avec les femmes vraiment tendres, la fierté. »

La Duchesse de Langeais est d'abord écrit en réaction à une déception amoureuse vécue par Balzac peu avant la rédaction du roman. En 1831, Balzac entame une relation avec la marquise Henriette de Maillé, épouse séparée du marquis de Castries. Pendant six mois, la marquise conversera avec l'auteur de manière épistolaire et anonyme, en se disant admiratrice de son œuvre. Elle invite finalement Balzac à lui rendre visite en Suisse et en Italie. Balzac est amoureux et se croit aimé en retour. Dans une lettre datée du 12 avril 1832, il lui affirme « l'amour sans borne » qu'il éprouve pour elle : « vous m'avez accordé de si douces heures que je crois qu'il n'y a plus de bonheur pour moi que par vous et je voudrais vous rendre comme Dieu vous rendra dans le ciel. » Mais la marquise interrompt subitement leur relation lorsque l'auteur exprime son désir de faire d'elle sa maîtresse. Balzac est effondré, il exprimera sa souffrance à Mme Hanska dans une lettre au mois de mars 1833, évoquant ce qu'il qualifie de « cruelle aventure ».La marquise de Castries appartient à une famille de l'aristocratie du faubourg Saint-Germain, où elle est très en vue à l'époque. La raison du rejet de la marquise est probablement la différence sociale entre elle et l'auteur, simple bourgeois issu d'une famille de paysans. Si l'on peut voir des similitudes entre la marquise et le personnage de la duchesse de Langeais, Balzac s'est rapidement détaché de son désir de vengeance en donnant à son personnage des qualités fortes, une profondeur et une évolution qui tendent vers le sublime. *La Duchesse de Langeais* se révèle alors plus la critique des mœurs du faubourg Saint-Germain, qui force les femmes à étouffer leurs sentiments, que de la marquise elle-même. Balzac écrira d'ailleurs à propos de la marquise de Castries : « Je souffre par elle, mais je ne la juge pas. » L'auteur admettra la dimension biographique de *La Duchesse de Langeais* en écrivant être le seul à être conscient de « ce qu'il y a d'horrible dans La duchesse de Langeais. »

Les questions que soulève Balzac dans *La Duchesse de Langeais* tournent principalement autour de la vanité et de l'amour-propre, qui chez certains est si grand qu'il n'admet aucun autre amour autrement que comme un avilissement. Ces questions étaient déjà présentes chez La Rochefoucaud en 1665. Dans ses *Réflexions ou sentences et maximes morales*, l'auteur s'interrogeait en effet sur les relations entre individus et la place de l'amour-propre : « Ce que les hommes ont nommé amitié n'est qu'une société, qu'un ménagement réciproque d'intérêts, et qu'un échange de bons offices ; ce n'est enfin qu'un commerce où l'amour-propre se propose toujours quelque chose à gagner. » Selon La Rochefoucaud, les relations seraient forcément toujours intéressées, que l'on soit en quête de reconnaissance ou qu'on veuille simplement se sentir en position de supériorité par rapport aux autres. C'est ce qu'on retrouve dans le personnage de la duchesse, qui ne cherche l'amour des hommes que par vanité, tout en étant trop consciente de sa propre supériorité sociale pour s'abaisser à éprouver elle-même de l'amour. En d'autres termes, c'est l'amour-propre d'Antoinette qui est trop grand pour qu'elle aime qui que ce soit d'autre.

On peut sentir dans *La Duchesse de Langeais* l'influence d'Ann Radcliffe (1764-1823), romancière britannique considérée comme l'une des inventrices du roman gothique. Balzac a déjà copié le style de Radcliffe en 1822 dans *L'Héritière de Birague*, une œuvre de jeunesse où, sous le pseudonyme de Lord R'Hoone, l'auteur reprend les codes du roman noir jusqu'à l'excès. Dans la préface de *Ferragus*, premier roman de la trilogie de *L'Histoire des Treize*, Balzac se défend d'user des techniques invraisemblables du roman noir « un auteur doit dédaigner de convertir son récit, quand ce récit est véritable, en une espèce de joujou à surprise, et de promener, à la manière de quelques romanciers, le lecteur, pendant quatre volumes, de souterrains en souterrains, pour lui montrer un cadavre tout sec, et lui dire, en forme de conclusion, qu'il lui a constamment fait peur d'une porte cachée dans quelque tapisserie, ou d'un mort laissé par mégarde sous des planchers ». On retrouve pourtant dans *La Duchesse de Langeais* plusieurs caractéristiques propres à ce genre. Le mystère qui plane autour de l'association dont fait partie Montriveau ou le thème très présent de la vengeance rappellent les préoccupations du roman noir. On peut aussi citer les deux scènes d'enlèvement : la première fois, la duchesse est emportée par trois hommes masquées, et se retrouve pieds et poings liés devant son amant. La seconde fois, l'enlèvement a lieu dans un couvent, lieu favori du roman noir. En outre, *La Duchesse de*

Langeais baigne dans une atmosphère générale de violence et d'angoisse ; la duchesse craint pour sa vie en comprenant qu'Armand est décidé à se venger, et la scène où Armand s'apprête à marquer Antoinette au front est particulièrement terrifiante. Le titre initial de la nouvelle, *Ne touchez pas à la hache*, renvoyait davantage à son aspect roman noir, et si Balzac a voulu par la suite mettre l'accent sur l'analyse psychologique de son héroïne en donnant son nom au titre, les thèmes et le climat propre au roman noir demeurent.

LES THÈMES
PRINCIPAUX

À travers ce roman, Balzac entend porter un regard critique sur la noblesse de son temps. Une classe vers laquelle il a toujours tendu sans jamais y être accepté. Le premier chapitre de *La Duchesse de Langeais* commence par un long compte rendu de l'évolution de la noblesse, et la conclusion qu'elle est en train de se désagréger. La noblesse n'est plus fondée sur les valeurs morales qui la caractérisaient, et n'a plus rien de « noble ».

Au XIXe siècle, la classe dominante parisienne est la bourgeoisie, une classe motivée par l'argent et le pouvoir. Des préoccupations que la noblesse va embrasser pour survivre à cette nouvelle société. Balzac se livre à une étude de milieu, réuni dans le Faubourg Saint Germain, et imagine son fonctionnement idéal : « Une aristocratie est en quelque sorte la pensée d'une société, comme la bourgeoisie et les prolétaires en sont l'organisme et l'action. » Cependant la noblesse n'a pas su évoluer avec son temps, elle s'est fragilisée et Balzac y voit la cause d'un déséquilibre de la société qui a mené aux révolutions successives. À la Restauration, époque à laquelle se situe le roman, la noblesse s'est trouvée en infériorité et s'est retranchée dans ses privilèges sans parvenir à retrouver sa place : « Au lieu de jeter les insignes qui choquaient le peuple et de garder secrètement la force, il a laissé saisir la force à la bourgeoisie, s'est cramponné aux insignes, et a constamment oublié les lois que lui imposait sa faiblesse numérique. » Cette noblesse vaine et superficielle est incarnée par la duchesse de Langeais, qui refuse d'abandonner sa position de supériorité pour se compromettre avec Armand, qu'elle voit comme un homme du peuple : « Vous me désirez, et voulez m'avoir pour maîtresse, voilà tout. Et bien non, la duchesse de Langeais ne descendra pas jusque-là. Que de naïves bourgeoises soient des dupes de vos faussetés ; moi, je ne le serai jamais. » La duchesse de Langeais devient le symbole de toute une classe pervertie par un orgueil déplacé. Antoinette est la noblesse de l'Ancien Régime, décadente et condamnée à l'extinction, alors que Armand incarne la noblesse de l'Empire, il s'est élevé par sa bravoure et sa détermination.

Balzac développe le thème de la noblesse de cœur. La première qualité qui devrait caractériser la noblesse, mais qu'elle a perdu. Ils sont devenus égoïstes, orgueilleux et uniquement préoccupés par la conservation jalouse de leurs privilèges. Plutôt que de conserver ses valeurs, la noblesse a adopté celles de la bourgeoisie : la supériorité matérielle prônée par cette classe a remplacé la supériorité intellectuelle autrefois réservée à la noblesse. La noblesse n'est plus que faussetés, apparences et illusions, guidée par une vanité si grande qu'elle pousse au mépris des autres : « Ces grandes petites gens haïssaient toute force qui ne venait pas d'eux. »

Dès lors, la relation amoureuse entre la duchesse et Montriveau se construit comme un rapport de forces, entre noblesse décadente et noblesse d'Empire. Une noblesse artificielle et vide d'un côté et une noblesse des actions de l'autre. Contrairement à la fausse noblesse de la duchesse, Montriveau doit la sienne à son père, qui a combattu et est mort noblement auprès de Napoléon. La duchesse de Langeais, issue d'une des plus hautes familles françaises, se fait aimer des autres pour se sentir supérieure : « Elle vivait dans une sorte de fièvre de vanité, de perpétuelle jouissance qui l'étourdissait. » Elle a besoin de courtisans autour d'elle pour continuer à se sentir supérieure socialement. Mais il lui est impossible de montrer la moindre preuve d'amour en retour, car cela serait se dégrader. C'est ce qu'explique Ronquerolles à Montriveau pour lui ouvrir les yeux : « Apprends d'abord que les femmes de notre faubourg aiment, comme toutes les autres, à se baigner dans l'amour ; mais elles veulent posséder sans être possédées. » Aux yeux de la duchesse, une limite infranchissable est dressée entre elle et Armand, par les conventions sociales auxquelles la jeune femme se soumet entièrement et sur lesquelles elle a bâti son existence. Le duc de Navarreins rappelle d'ailleurs à sa fille : « Laissez-moi vous faire observer qu'une femme qui porte votre nom a des sentiments autres que ceux des gens du commun. »

Entre Antoinette et Armand, le duel est aussi psychologique. Entre celui qui aime et celui qui est aimé, le rapport de force ne cesse de basculer dans le récit. Pour conserver son rang, la duchesse doit se faire aimer, mais il lui est interdit d'aimer en retour, car ce serait devenir inférieure : « Aimer, n'est-ce pas savoir bien plaider, mendier, attendre ? » La duchesse ne peut admettre de devenir dépendante d'un autre, et en cédant à Montriveau, elle céderait bien plus que son corps : « Vous exigez donc le sacrifice de ma position, de mon rang, de ma vie, pour un douteux amour qui n'a pas eu sept mois de patience. » La duchesse doit à tout prix conserver l'ascendant sur cette relation, raison pour laquelle elle réduit si souvent Montriveau à un « jouet », un « instrument » ou un « enfant ».

Un renversement s'effectue dans le récit quand Montriveau, prenant conscience d'avoir été dupé, décide de rééquilibrer les choses en affirmant sa position de force par rapport à la duchesse. La vengeance qu'il met en place est pour lui un moyen de retrouver son amour-propre, en écornant celui d'Antoinette. Si Montriveau renonce finalement au châtiment qu'il avait prévu pour la duchesse, c'est parce que celle-ci accepte soudain de se placer en position d'infériorité. Elle se met à genoux devant lui et s'offre à lui : « Mais je t'aime ! Mais je suis à toi ! Elle tomba aux genoux d'Armand. À toi ! À toi, mon unique, mon seul maître. » Le rapport de force s'est soudain inversé et Montriveau est satisfait. Après cet épisode crucial, la duchesse renonce à sa supériorité sociale, elle est prête à aimer, c'est-à-dire à sacrifier sa position : « Oh ! Mon ami, je vous aime pourtant, comme aiment vos bourgeoises. » En faisant croire à tout Paris qu'elle est devenue la maîtresse de Montriveau, Antoinette brise les convenances et rompt avec les obligations de supériorité inatteignable dues à son rang. La duchesse est prête à s'abaisser au niveau d'Armand ; elle est amoureuse pour la première fois, et cela lui a ouvert les yeux : « Mon oncle, j'ai calculé tant que je n'aimais pas. Alors je voyais comme vous des intérêts là où il n'y a plus pour moi que des sentiments. » La duchesse se met dans une position de dépendance totale vis-a-vis d'Armand ; ayant sacrifié tout ce qu'elle représentait, elle n'a plus que cet amour auquel se raccrocher pour exister : « Elle avait dit à un homme : Je t'aime, je suis à toi ! La duchesse de Langeais pouvait-elle avoir inutilement proféré ces paroles ? Elle devait ou être aimée ou abdiquer son rôle social. »

En même temps que la duchesse ouvre les yeux, on voit toute l'artificialité de cette supériorité de la noblesse, qui est fondée uniquement sur les apparences. Les prétendants dont la duchesse s'est entourée toute sa vie n'étaient que des faire-valoir qu'elle n'a jamais aimés mais qu'elle entretenait pour satisfaire les convenances. Le geste qui a menacé sa réputation était, lui aussi, un mensonge : malgré son carrosse garé devant chez Montriveau, Antoinette n'a pas passé la nuit chez lui. Cet acte n'était qu'un calcul de plus, une illusion.

Lorsque finalement la duchesse perd à la fois sa réputation et son amour, elle doit quitter Paris et se réfugie dans les bras de Dieu. Mais cette décision aussi n'est qu'un stratagème destiné à regagner son amour-propre et une part de supériorité : « N'est-il pas naturel à une femme de vouloir rester dans la mémoire de son aimé revêtue de tous les sentiments nobles ? Oh ! Seul cher à moi, laissez votre créature s'ensevelir avec la croyance que vous la trouverez grande. » Par cet acte de noblesse consistant à se sacrifier toute entière à Dieu, la duchesse cherche à gagner à nouveau l'ascendant sur Montriveau : « Ah ! j'éprouve une joie sombre à vous écraser, vous qui vous croyez si grand, à vous humilier par le sourire calme et protecteur des anges faibles qui prennent en se couchant aux pieds de Dieu, le droit et la force de veiller en son nom les hommes. » La duchesse préfère finalement la mort à l'idée de se soumettre à son amour pour Montriveau, qui la placerait à nouveau en position d'infériorité : « Vous mépriseriez une religieuse devenue femme, qu'aucun sentiment, même l'amour maternel, n'absoudrait. »

Dans *La Duchesse de Langeais*, l'amour semble être toujours accompagné d'une certaine forme de violence, qui est surtout le fait d'Armand. En effet, pour le général, l'amour semble toujours synonyme de possession, et c'est l'objectif qu'il se fixe dès le début concernant la duchesse : « J'aurai pour maîtresse la duchesse de Langeais » affirme-t-il au lendemain de leur première rencontre. Cette tentative de conquête de la duchesse s'apparente à une conquête militaire, comme le montre le vocabulaire employé pendant tout le récit et qui renvoie à une idée de violence : les deux amants vont s'affronter, comme dans une guerre. Alors que Montriveau veut « déclarer son amour comme s'il s'agissait du premier coup de canon sur un champ de bataille », Antoinette s'entoure « d'une seconde ligne de fortifications plus difficile à emporter que ne l'avait été la première ». Armand finit par admettre que la conquête de la duchesse est « plus difficile à faire que ne l'avait été celle de l'Europe ». Une certaine violence se sent aussi dans les rapports entre les deux personnages : « S'il la saisissait, elle voulait bien se laisser briser et tordre par lui. »

La duchesse va jusqu'à reconnaître le danger que pourrait représenter Armand pour elle, cette violence qu'il semble porter en lui : « Serait-elle assassinée ? Cet homme à cou de taureau l'éventrerait-il en la lançant au-dessus de sa tête ? La foulerait-il aux pieds ? » Armand semble vouloir obtenir la soumission physique de la duchesse, son humiliation, comme le suggère le châtiment qu'il veut lui infliger en la marquant physiquement.

Le détachement que montre Armand à la fin, face au corps sans vie de la duchesse, tranche avec le sacrifice sublime d'Antoinette. On voit enfin lequel des deux éprouvait l'amour le plus vrai. Pour Armand, ce désir de posséder la duchesse s'apparente à un instinct guerrier, et c'est par orgueil qu'il s'obstine si longtemps, plus que par amour. L'enlèvement dans le couvent est décrit comme un exploit, un moyen pour Armand de reprendre Antoinette à Dieu lui-même, pour la faire sienne. La découvrant morte, il emporte tout de même ce corps auquel il a tant aspiré, avant de le jeter à la mer. Il s'assure définitivement une victoire sur Dieu en empêchant à la duchesse d'obtenir une sépulture chrétienne.

Tout au long du roman, un renversement s'effectue dans la manière dont sont décrits les deux personnages. La duchesse est d'abord perçue comme une coquette qui séduit et manipule par amusement, une femme froide qui ne sait pas aimer : « Ta duchesse est toute tête, elle ne sent que par sa tête, elle a un cœur dans la tête. » Mais la duchesse, personnage caractérisé négativement dans toute la première partie du roman, évolue lors de la scène centrale du premier enlèvement.

Face à la vengeance de Montriveau, la duchesse voit ses sentiments s'éveiller enfin et est « envahie d'un amour vrai ». La duchesse est transformée par cet amour et abandonne tout sens des convenances : « Le monde et Dieu, elle avait envie de les fouler à ses pieds. Montriveau était maintenant sa seule religion. » Antoinette s'émancipe d'une société qui emprisonne ses sentiments, elle est prête à se déchoir socialement et à renoncer à ses privilèges. La duchesse s'est ainsi détachée de son modèle de femme froide et sans cœur pour atteindre un vrai statut d'héroïne romantique qui se sacrifie pour son amour. Antoinette accède même à une part de sublime par ses réactions extrêmes et sa capacité à fouler aux pieds tout ce qui lui tenait tant à cœur jusqu'alors. En laissant derrière elle sa vie mondaine à Paris, elle abandonne le monde terrestre pour se consacrer à une vie spirituelle dans le couvent. La duchesse offre sa vie à Armand, comme elle l'écrit dans sa lettre d'adieu : « C'est pour toi que je quitte le monde. »

Le parcours d'Armand est à l'opposé de celui d'Antoinette. Il apparaît d'abord comme un général brave et prestigieux, qui a mené des conquêtes et vécu de grandes aventures. Mais peu à peu, Armand se révèle brutal, obsédé par l'unique objectif de posséder la duchesse. Son personnage se dégrade, montre de la vanité et de l'égoïsme dans les sacrifices qu'il exige d'Antoinette.

Balzac présente dans son roman une forme d'amour en alternance : la duchesse est d'abord celle qui se joue de Montriveau, mais elle devient ensuite la victime d'Armand, qui la délaisse. Après le départ d'Antoinette, Armand la poursuit à nouveau, mais la duchesse ne veut plus le suivre. Les personnages éprouvent tour à tour les mêmes souffrances et les mêmes sentiments : ceux d'un amour non partagé et d'un besoin de se réaffirmer. Si Armand répond à l'humiliation par la vengeance brutale, Antoinette, elle, se rebelle contre les convenances et choisit de tout sacrifier. La noblesse de sa réaction est ce qui affirme finalement son ascendant sur Montriveau, auquel elle échappe définitivement dans la mort

ÉTUDE DU MOUVEMENT LITTÉRAIRE

Apparu en France au milieu du XIXe siècle, le réalisme est un mouvement à la fois pictural et littéraire. En réaction au romantisme qui mettait le sentiment en exergue au prix, parfois, de la vraisemblance, le réalisme s'efforce d'effectuer une reproduction la plus fidèle possible du réel. Le roman réaliste constitue une représentation du quotidien et s'intéresse à toutes les classes sociales. Les auteurs de ce mouvement se font observateurs avant tout : ils doivent décrire ce qu'ils connaissent, en toute objectivité, sans chercher à l'embellir. Le réalisme est une étude des mœurs de la société et des individus qui la composent. Dans leur souci du vrai et leur détermination à éviter toute recherche du spectaculaire ou de l'héroïque, les romanciers réalistes s'opposent aux mouvements historique, romantique ou lyrique. Plutôt que de se considérer comme un art, le roman réaliste s'inscrit dans un objectif scientifique. Plus qu'un simple divertissement, il se doit d'apporter quelque chose à la société. Cette recherche constante du vrai et de l'objectivité s'accompagne parfois d'une absence de style : le réalisme décrit la réalité telle qu'elle est, même lorsqu'elle est ordinaire, médiocre ou vulgaire. Le réalisme rejette aussi la technique du narrateur qui intervient dans l'histoire, et met en avant son personnage. Le roman est vu à travers son regard et son point de vue est le seul qui soit donné à l'auteur. La recherche du réel se traduit également par un récit précisément ancré dans l'espace, avec des descriptions de lieux très détaillées.

Le mouvement réaliste naît dans une période marquée par les bouleversements. La révolution industrielle provoque un développement de l'édition et de la presse, ces deux univers s'allient même dès 1836 pour créer les romans-feuilletons. La littérature devient alors plus universelle, elle peut toucher un plus grand nombre. En outre, l'apparition du prolétariat et des premières manifestations ouvrières deviennent une nouvelle source de préoccupation et d'inspiration pour les auteurs.

Le réalisme littéraire entretient une relation étroite avec la peinture. C'est d'ailleurs dans cet art que le réalisme a pour la première fois fait parler de lui, à travers le tableau de Gustave Courbet *Un enterrement à Ornans*. Le tableau suscita une polémique et on accusa le peintre de représenter le vulgaire et le laid. L'œuvre devint rapidement un manifeste du réalisme, duquel est né par la suite le réalisme littéraire.

En 1856 est lancée la revue *Réalisme*. Créée par le romancier Louis-Edmond Duranty (1833-1880). La revue critique le romantisme et la vision uniquement divertissante de la littérature. À propos de l'objectif de la revue, Duranty écrira : « Beaucoup de romanciers, non réalistes, ont la manie de faire exclusivement dans leurs œuvres l'histoire des âmes et non celle des hommes tout entiers. […] Or, au contraire, la société apparaît avec de grandes divisions ou professions qui *font* l'homme et lui donnent une physionomie *plus saillante* encore que celle qui lui est faite par ses instincts naturels ; les principales passions de l'homme s'attachent à sa profession sociale, elle exerce une pression sur ses idées, ses désirs, son but, ses actions. »

Le réalisme s'est progressivement imposé dans le monde entier. Il apparaît d'abord en Allemagne, vers 1830, avant de se propager en Angleterre puis aux autres pays, jusqu'à la Russie et les États-Unis. Cependant, c'est en France qu'il aura la plus grande influence, grâce à un certain nombre d'auteurs investis dans ce mouvement. Balzac, Stendhal, Flaubert, Zola, Maupassant, Huysmans sont autant de noms qui ont contribués au développement du réalisme.

Alors que les mouvements précédents se faisaient souvent idéalistes, décrivant la vie comme elle devrait être, plus heureuse et plus juste, récompensant les gens honnêtes et braves et punissant les personnes mauvaises, le réalisme décrit le monde comme il est réellement, sans rien cacher. Il n'hésite pas à montrer la misère sociale des classes défavorisées dans des romans qui ont rarement une fin heureuse ou morale. Le réalisme est en cela pessimiste, mais dans une volonté d'ouvrir les yeux de la population, de lui faire prendre conscience de certains aspects de la société qui pourraient leur être inconnus.

Le réalisme se divise principalement en trois courants : le premier traite de la littérature comme d'un reportage journalistique, un état des faits totalement objectif. C'est la technique employée par Champfleury (1821-1889), qui était par ailleurs journaliste et qui fut l'un des défenseurs du réalisme. Le deuxième courant, représenté notamment par Flaubert, Baudelaire, et plus tard Proust, associe le critère du beau à celui du vrai. Le troisième courant est celui des œuvres engagées. Les romans ne sont pas préoccupés par l'art, ils ont une portée sociale, un message à faire passer. Le réalisme affirme ainsi un désir de dénoncer et de contribuer à une réformation de la société. C'est cette volonté qui fit des réalistes des écrivains polémiques qui verront souvent leurs œuvres soumises à des procès et censurées, comme ce fut le cas de Flaubert, Baudelaire ou encore Maupassant.

Le réalisme naît aussi d'une époque particulière, qui voit apparaître les sciences humaines. Les auteurs peuvent alors se servir des connaissances nouvellement acquises en biologie, psychologie et sociologie pour élaborer leurs personnages et leurs intrigues.

En accord avec les évolutions de son époque, le mouvement réaliste s'attache à représenter les classes sociales jusque-là délaissées par la littérature. Celle des ouvriers, des hommes qui vivent dans la misère, des prostituées... Des thèmes tels que ceux du travail, des relations homme-femme ou des injustices sociales deviennent les préoccupations principales des romanciers. En outre, la nécessité de se fonder sur le réel et des expériences vécues donnera un aspect plus personnel au roman, qui se fait souvent plus ou moins autobiographique.

Les auteurs traiteront de ces thèmes chacun à leur façon. Ainsi, Balzac, dans *La Comédie humaine*, n'hésite pas à décrire des réalités communément ignorées par la littérature parce que trop vulgaires ou trop banales. Balzac présentera le quotidien de toutes les classes sociales, excepté la classe ouvrière. Ses romans critiquent notamment la place trop importante de l'argent dans la société.

Le réalisme se caractérise également par la dimension pédagogique qu'il s'efforce d'adopter. En effet, des auteurs comme Balzac, Stendhal ou Zola auront à cœur d'expliquer dans le détail certains aspects de la société. L'écriture est vue comme un moyen d'enseignement. Elle apprend, révèle et ouvre les yeux sur certains aspects méconnus de la société.

Dans sa recherche de véracité, le réalisme en vient à devenir un mouvement de déconstruction des idées véhiculées jusqu'ici : celles d'un optimisme, d'une morale et d'une justice que l'observation de la réalité a démentie. L'homme n'est plus mis en valeur mais présenté dans toute sa nudité, avec ses défauts et ses failles. Son succès ou ses échecs ne sont plus conditionnés par son mérite mais par le fonctionnement, souvent arbitraire et injuste, de la société moderne.

On ne peut parler du réalisme sans évoquer le mouvement qu'il a initié, et qui s'est placé dans sa continuation directe : le naturalisme. Issu directement des principes réalistes, il est élaboré par Émile Zola dans un désir de renforcer l'aspect scientifique de la démarche de l'auteur. Influencé par la méthode expérimentale, il veut faire du roman une véritable analyse des phénomènes biologiques et sociologiques, s'intéressant notamment à l'hérédité, à l'influence du milieu social ou de la psychologie. Le roman, pour Zola, devient le lieu d'une expérience, fondée en premier lieu sur une observation minutieuse du réel et, en second lieu, de l'étude des conséquences des faits observés. L'œuvre la plus représentative du naturalisme est celle des *Rougon-Macquart*. En l'espace de vingt romans, et par un processus de recherche et d'analyse, l'auteur retrace l'histoire d'une famille génération après génération en démontrant toutes les conséquences de l'hérédité sur un individu.

Mis à part un désir identique de se faire les représentants de la société et de leur époque dans son intégralité, les auteurs réalistes montrent peu de traits communs, il leur arrive d'ailleurs souvent de débattre de leurs divergences. Ainsi, dans une lettre écrite au romancier russe Ivan Tourgueniev en novembre 1877, Flaubert s'agace du réalisme exacerbé de Zola : « La réalité, selon moi, ne doit être qu'un tremplin. Nos amis sont persuadés qu'à elle seule elle constitue tout l'État ! Ce matérialisme m'indigne, et, presque tous les lundis, j'ai un accès d'irritation en lisant les feuilletons de ce brave Zola. » De la même manière, Maupassant critique le dramaturge Henri Monnier en ces termes : « Henri Monnier n'est pas plus vrai que Racine. » Duranty, lui, reproche à *Madame Bovary* de manquer de sentiment dans un article de la revue *Réalisme* : « Trop d'étude ne remplace pas la spontanéité qui vient du sentiment. »

Malgré ces désaccords dans le niveau de réalisme à employer dans leurs œuvres, les auteurs se rejoignent dans leur volonté de donner à la littérature une dimension plus scientifique, et d'en faire le lieu d'étude privilégié de l'homme et de son environnement.

DANS LA MÊME COLLECTION
(par ordre alphabétique)

- **Anonyme**, *La Farce de Maître Pathelin*
- **Anouilh**, *Antigone*
- **Aragon**, *Aurélien*
- **Aragon**, *Le Paysan de Paris*
- **Austen**, *Raison et Sentiments*
- **Balzac**, *Illusions perdues*
- **Balzac**, *La Femme de trente ans*
- **Balzac**, *Le Colonel Chabert*
- **Balzac**, *Le Lys dans la vallée*
- **Balzac**, *Le Père Goriot*
- **Barbey d'Aurevilly**, *L'Ensorcelée*
- **Barbey d'Aurevilly**, *Les Diaboliques*
- **Bataille**, *Ma mère*
- **Baudelaire**, *Les Fleurs du Mal*
- **Baudelaire**, *Petits poèmes en prose*
- **Beaumarchais**, *Le Barbier de Séville*
- **Beaumarchais**, *Le Mariage de Figaro*
- **Beauvoir**, *Mémoires d'une jeune fille rangée*
- **Beckett**, *Fin de partie*
- **Brecht**, *La Noce*
- **Brecht**, *La Résistible ascension d'Arturo Ui*
- **Brecht**, *Mère Courage et ses enfants*
- **Breton**, *Nadja*
- **Brontë**, *Jane Eyre*
- **Camus**, *L'Étranger*
- **Carroll**, *Alice au pays des merveilles*
- **Céline**, *Mort à crédit*
- **Céline**, *Voyage au bout de la nuit*

- **Chateaubriand**, *Atala*
- **Chateaubriand**, *René*
- **Chrétien de Troyes**, *Perceval*
- **Cocteau**, *Les Enfants terribles*
- **Colette**, *Le Blé en herbe*
- **Corneille**, *Le Cid*
- **Crébillon fils**, *Les Égarements du cœur et de l'esprit*
- **Defoe**, *Robinson Crusoé*
- **Dickens**, *Oliver Twist*
- **Du Bellay**, *Les Regrets*
- **Dumas**, *Henri III et sa cour*
- **Duras**, *L'Amant*
- **Duras**, *La Pluie d'été*
- **Duras**, *Un barrage contre le Pacifique*
- **Flaubert**, *Bouvard et Pécuchet*
- **Flaubert**, *L'Éducation sentimentale*
- **Flaubert**, *Madame Bovary*
- **Flaubert**, *Salammbô*
- **Gary**, *La Vie devant soi*
- **Giraudoux**, *Électre*
- **Giraudoux**, *La Guerre de Troie n'aura pas lieu*
- **Gogol**, *Le Mariage*
- **Homère**, *L'Odyssée*
- **Hugo**, *Hernani*
- **Hugo**, *Les Misérables*
- **Hugo**, *Notre-Dame de Paris*
- **Huxley**, *Le Meilleur des mondes*
- **Jaccottet**, *À la lumière d'hiver*
- **James**, *Une vie à Londres*
- **Jarry**, *Ubu roi*
- **Kafka**, *La Métamorphose*
- **Kerouac**, *Sur la route*
- **Kessel**, *Le Lion*

- **La Fayette**, *La Princesse de Clèves*
- **Le Clézio**, *Mondo et autres histoires*
- **Levi**, *Si c'est un homme*
- **London**, *Croc-Blanc*
- **London**, *L'Appel de la forêt*
- **Maupassant**, *Boule de suif*
- **Maupassant**, *La Maison Tellier*
- **Maupassant**, *Le Horla*
- **Maupassant**, *Une vie*
- **Molière**, *Amphitryon*
- **Molière**, *Dom Juan*
- **Molière**, *L'Avare*
- **Molière**, *Le Malade imaginaire*
- **Molière**, *Le Tartuffe*
- **Molière**, *Les Fourberies de Scapin*
- **Musset**, *Les Caprices de Marianne*
- **Musset**, *Lorenzaccio*
- **Musset**, *On ne badine pas avec l'amour*
- **Perec**, *La Disparition*
- **Perec**, *Les Choses*
- **Perrault**, *Contes*
- **Prévert**, *Paroles*
- **Prévost**, *Manon Lescaut*
- **Proust**, *À l'ombre des jeunes filles en fleurs*
- **Proust**, *Albertine disparue*
- **Proust**, *Du côté de chez Swann*
- **Proust**, *Le Côté de Guermantes*
- **Proust**, *Le Temps retrouvé*
- **Proust**, *Sodome et Gomorrhe*
- **Proust**, *Un amour de Swann*
- **Queneau**, *Exercices de style*
- **Quignard**, *Tous les matins du monde*
- **Rabelais**, *Gargantua*

- **Rabelais**, *Pantagruel*
- **Racine**, *Andromaque*
- **Racine**, *Bérénice*
- **Racine**, *Britannicus*
- **Racine**, *Phèdre*
- **Renard**, *Poil de carotte*
- **Rimbaud**, *Une saison en enfer*
- **Sagan**, *Bonjour tristesse*
- **Saint-Exupéry**, *Le Petit Prince*
- **Sand**, *Indiana*
- **Sarraute**, *Enfance*
- **Sarraute**, *Tropismes*
- **Sartre**, *Huis clos*
- **Sartre**, *La Nausée*
- **Sartre**, *Les Mots*
- **Senghor**, *La Belle histoire de Leuk-le-lièvre*
- **Shakespeare**, *Roméo et Juliette*
- **Steinbeck**, *Les Raisins de la colère*
- **Stendhal**, *La Chartreuse de Parme*
- **Stendhal**, *Le Rouge et le Noir*
- **Verlaine**, *Romances sans paroles*
- **Verne**, *Une ville flottante*
- **Verne**, *Voyage au centre de la Terre*
- **Vian**, *J'irai cracher sur vos tombes*
- **Vian**, *L'Arrache-cœur*
- **Vian**, *L'Écume des jours*
- **Voltaire**, *Candide*
- **Voltaire**, *Micromégas*
- **Zola**, *Au Bonheur des Dames*
- **Zola**, *Germinal*
- **Zola**, *L'Argent*
- **Zola**, *L'Assommoir*
- **Zola**, *La Bête humaine*